LES LAVRIERS DE LOVYS LE IVSTE ROY DE France & de Nauarre.

A PARIS,

Chez TOVSSAINT DV BRAY, ruë S. Iacques aux Espics-meurs.

M. D. C. XXII.

Auec Priuilege du Roy.

LES LAVRIERS DE LOVYS LE IVSTE

SIRE

Les hommes d'Estat ont creu que la vie des Roys estoit à tout le monde, hormis à eux mesmes, ne se trouuant personne dás leur Souueraineté qui participe moins à ceste qualité que le Prince, V. M. faict l'essay en temps de paix & de guerre de ceste maxime veritable, notamment en l'action qui vous à inuité de conseruer soigneusement vostre Couronne, laquelle subsiste depuis douze cens ans, ſemblable aux Pyramides du grand Caire, demeurées inuiolables depuis vn ſi long temps contre l'orgueil & la violance des ſiecles paſſez. Nouueau Charon vous tournez non pas vne Ville de Cheronée, mais voſtre monde François du couchant de ſa ruine & de ſa deſolation à l'orient de ſa Gloire, dans lequel nous voyons poindre le iour de nos plus belles annees ſelon l'ordre de la Nature que ce flateur a renuerſé dans ſa Conſtance ayant eſcrit qu'il voyoit leuer le Soleil du coſté du Ponant, comme ſi ce Roy des Planettes auoit quitté le biais du Zodiaque, où ſi le Ciel pouuoit ſupporter deux Soleils.

Nous voyons en voſtre Majeſté la grãde & particuliere faueur que Dieu fiſt à Dauid vous choiſiſſant pour organe & pour executeur de ſa Iuſtice, qui remet l'ordre dãs voſtre Eſtat par l'obeyssance. Et chasse la rebellion causée par le desordre des affections deprauées de vos subiects, en cét âge qui se monstre plätureux en toutes les rencontres des maux, dans l'égout des siecles derniers, oû nous auons veu couler toutes les ordures du passé. Ce prudent cõseil, SIRE, qui donne aduis à V. M. à attaint ceste consequence infaillible de bien prendre ses mesures qui sont les mouuemens des affections naturelles & les coustumes des peuples sousmis à vostre Gouuernemét, ayant iugé par la conferéce de ces grands esprits, qu'est-ce que l'hõme en la cognoissance de vous mesme par le moyen de laquelle vous estes monté à la notice de Dieu vostre protecteur. Vous auez cogneu que puis que vos subjects comme le reste des hommes, n'ont point vne parfaicte & infallible resolution, vous estes inuité d'embrasser par ce manquement leur imperfection en plusieurs occasions, & suppleer aux defauts de leur nature, vous proposant tousiours l'homme pour vostre sujet, & Dieu pour vostre object, assin que V. M. tienne droit le Gouuernail & regarde tousiours vers le Pole, encore que la voile de vostre Nauire, obeysse aux vents des diuerses inclinations du temps & des humeurs de vos peuples. Car puis que l'homme se trouble parmy l'orage des passions V. M. cognoit que l'Estat de France composé d'vn nombre infiny de tant d'especes rapportées peut estre agité par les dissentions trop souuent pratiquees au grād preiudice de vos subjets, laissant cet ordre parfait & moulé sur l'enchainement des causes naturelles (qui dependent immediatemēt de Dieu leur premier moteur) à la Republique de Platon, & aux Empires de souhait & d'imagination (& vous cótentant (puis que V. M. conuerse parmy les hommes) d'embrasser la vertu Politique pour diriger & reformer tout ce qui est de grossier en vos Prouinces.

Vous auez méprisé à ceste occasion les rencontres de la Voltoline & autres qui peuuent estre hors vostre Royaume, par les desseins pernicieux des estrãgers pour remedier à ceux du dedans causés par la coniuration d'vne partie de vos subjects, sçachant que pour combattre l'estranger il faut acquerir auparauant les peuples sur lesquels Dieu vous a fait naistre pour commander & renuerser leurs plus grandes & plus opiniastres resolutiõs, esteindre l'embrazement de leurs soudaines fureurs, & apporter le calme en leur inquietude & leur legereté naturelle, qui souuent conserue & retient fort peu, ce qu'elle à promptement & furieusement conquis. Il me semble ouïr dans l'armee quelqu'vn qui propose à V.M. que par le deguisemét on fauorise la verité mesme, & que pour ne tromper les hommes il les faut sagement deceuoir, affin qu'vn Prince se conserue pour l'Estat, adioustant s'il est bon de hazarder ceste Guerre qui semble estre douteuse, où faire surseance d'armes. Mais V. M. à pris conseil auec Dieu qui la guide par la main en son entreprise, de sorte que ce nouueau Conseiller d'Estat doit attendre de V. M. la responce d'Alexandre à Parmenion qui luy dit que s'il estoit Alexandre il accepteroit les offres du Roy Darius, mais le repart de de ce Grand Prince fut courageux en ces mots, que s'il estoit Parmenion il seroit satisfaict de cet aduis; Vous seul pouuez sçauoir si ceste resolution doit estro differée, & si le retardement en est plus à craindre que l'execution, veu que par ce moyé chacun se ſe met à ſon deuoir, & à recognoiſtre les manquemens de la fidelité, ayant reſolu de ſuyure les ſainctes intentions de voſtre Conſeil, & des Pilotes expers dans l'Ocean de voſtre Eſtat, qui ne redoutent point la tempeſte ayant noſtre Cæſar, & ſa Fortune dans leur vaiſſeau, laquelle tend les bras & vole comme cauſe ſeconde de Dieu au tour de V. M. ainſi qu'elle a deſià fait en l'occurrance ſiniſtre des tumultes & pareils deſordres, apaiſez par le calme duquel vous auez fait choix au commancement de ceſte reuolte ayant en conſideratiō le mouuement de vos ſubiets, qui eſt ſoudain allant d'ordinaire d'vne extremité à autre. Vous ſçauez que pour les tenir arreſtez, il eſt neceſſaire quelquefois d'eſtre indulgent à l'exacte obſeruation de leur deuoir, & auſſi exempt de colere & de vindicte que les Cieux & les Aſtres ſont francs des qualitez

& des impreſſions des Elements, quoy qu'Ariſtote ait dit que la miſericorde n'a point de lieu en l'eſſence diuine, auſſi V.M. vray rayō de la Diuinité ſe contente de ſoulager les rebelles, ſans qu'elle participe à leur decadence où qu'elle gemiſſe ſous le faix de leur affliction: C'eſt alors que vous quittez la iuſte fureur de vos armes, & que vous arrachez à la Victoire par voſtre Clemence le droit, qu'elle auoit ſur les vaincus; Auſſi ceſte actiō vous fait honorer non ſeulement des Habitans des Villes, à qui vous auez rēdu la vie, & garāti leurs maisōs du ſac & du pillage, mais encor vo⁹ fait aymer & redouter des Eſtrāgers pour le reſpect de la douceur, que V. M. apprend aux plus puiſſans, & aux plus petits, ſans bleſſer le bras de voſtre Iuſtice, à qui elle ne fit iamais violence, lors qu'elle incline par occaſion à la pitié, au lieu d'vne punition exemplaire, conſiderant que l'esprit & le corps sont organisez ensemble par vn lien si estroit, qu'il faut appliquer vn mesme remede, aux passions de l'vn, & aux maladies de l'autre: Car de crainte que la douleur ne s'irrite parmy la violance de c'est aigreur, vo⁹ taschez d'assoupir l'vlcere auec les medicamens de vos Edicts & de vos Ordonnances, & n'employez point les boutons de fer & de feu par les bras de vos Parlemens, où Iuges deleguez qu'ez occasions importantes, & plustost pour l'exemple, que pour vostre satisfaction, sçachant que les plus asseurez chaisnons, qui garrottent vos subiects d'vn libre seruice, sont tissus de leur amitié: Car encore que plusieurs soyẽt accusez de rebellion cõtre V. M. elle se contente de faire punir les principaux coniurez, laissant le repentir à ceux qui croyẽt n'auoir point esté remarquez dans ce party; Mais au lieu de se ranger en leur deuoir à l'exemple des anciens Hollandois, qui flechirent soubs le commandement de Fabius Valens par le chastiment d'vn petit nombre de leurs soldats, ils n'ont point consideré les remercimés que leurs associez ont fait à V. M. quoy qu'ils ayent enduré toute sorte de maux, pour luy auoir denié l'obeyssance. Neãmoins la grace, qu'ils ont receue est si obligeãte & à leur aduãtage, qu'ils embrassẽt les pertes du passé, en consideration du grand bien qu'elles leur ont acquis; qu'õ ouure ce discours à Platõ de faire la guerre sans la permissiõ du Prince, qu'õ demãde à Aristote qu'est ce qu'iniustice armée, qu'õ voye vos Ordonnãces & le Droit Escrit sur les assemblées illicites, & auec port d'armes; Ils nous apprendront auec la raison, l'histoire, & l'experience, que c'est la pepiniere de la rebellion, dans laquelle la plus grande partie des Religionaires s'est iettée inconsideremment, entreprenant de porter les armes contre la Iustice & les Loix de l'Estat, & contre l'expres commandement de l'Intelligence qui les anime, & qui s'y astraint la premiere pour monstrer à ses subiects à leur obeyr, par la deference qu'elle porte à leur sainct establissement; Ils ont contrarié à la Loy fondamentale de l'Estat, & à la Nature qui en est le modele, soustenant le Paradoxe de l'Auteur rendu plausible par nostre indocte credulité, que la loy d'honneur n'est point subiete à la loy de la Patrie, ny du Prince; pretexte plus specieux que veritable, pour quitter le seruice de V. M. comme si elle estoit l'ennemy de ses subiects, où si elle vouloit rauir leurs Autels, leurs femmes, leurs enfans, leurs vies, & leurs fortunes; Ils ont alteré la valeur de nos Peres, qui est proprement vne vertu reseruée contre l'ennemy de la Patrie, d'autant qu'elle ne peut estre exercée auec l'ascendant de reputation entre les subiects d'vn Souuerain, de mesme que contre l'estranger, où l'ennemy cómun; Ils souloient ayder iadis de ceste valeur, les partisans de vostre Couronne, & ils l'employent en nos iours contre leur legitime Prince, ils conseruoient la vie à leurs voisins, & ils s'entretuent eux mesmes, leurs ancestres ont ietté le dernier souspir parmy de fameux combats, & ils sacrifient leur vie à l'infidelité, dans la rage d'vne desobeyssance desesperée; aussi comme ils ont esté iadis l'honneur du monde, en ces glorieuses rencôtres, ils sont auiourd'huy par leur infame reuolte la honte de la terre; Ils se deuroient resouuenir, que leurs predecesseurs portoient l'espée au costé apres l'auoir receuë de l'Autel, voulans dire, qu'ils s'é deuoient seruir pour tout ce qui est permis & licite; mais ils la prennent du profond de leur presomption, qui leur fait dire qu'ils craignent Dieu lors qu'ils l'offencent, qu'ils honorent le Roy lors qu'ils luy desobeyssent & qu'ils ayment leur patrie lors qu'ils l'abandonnent ; Est-ce pas offencer Dieu que de se barricader & retrancher dans vne ville reuoltée par desespoir? Est-ce pas desobeyr au Prince, que de luy denier le seruice dás lequel ils sont nais, & de porter les armes cótre sa Majesté? Est-ce pas delaisser son pays natal que de luy rauir son principal secours par leur trépas precipité ? qui les publie dans le silence du cercueil reuoltez contre le Roy, & ennemys de leur Patrie. Il me semble voir le sang de ces braues Caualiers (vrays Æmyles) qui ont prodigué leurs ames genereuses pour V. M. lequel rougit & semble murmurer dans ses bouillons escumans, que puis que sa couleur vermeille à empourpré la blancheur de de vos Lys, que ce ſoit touſiours pour le ſeruice deu à V. M. s'il peut encor couler de leurs veines. Ce n'eſt pas s'emparer des Villes de l'Eſtat, marcher ſoubs l'enſeigne d'vn chef de party, porter les armes contre ſon Roy, dreſſer des corps de garde, poſer le guet, faire la ſentinelle, endoſſer le harnois de la deſobeyſſance, s'armer d'vn courage mutiné, ſe laiſſer emporter aux furies d'vne reuolte, s'entretetuer inutilement contre la raiſon naturelle, & contre les loix diuines & humaines, nuiſant au pays & à l'Eſtat. Auſſi noſtre Iuſte & Religieux Prince, voyant que ceſte ouuerture eſt pernicieuſe au public, renuerſe ce qui deſtruit le concert & l'harmonie qui doit eſtre parmy ſes ſubjets, au milieu deſquels la Frāce s'eſcrie, & taſche d'effacer l'idée de ceux qui deſſeignent la ruine & le bouleuerſemēt de ce Royaume,

apres

apres auoir fait couler tát de Fleuues de ſang, duquel la Campagne de Naples & la Nauarre euſſent deub eſtre arroſées pour le recouurement de leurs Couronnes. Mais ils ne gouſtent point ce diſcours par leur aueuglement, & croyans à leur opinion veulent aſſujetir tyranniquement le bien de l'Eſtat & ne receuoir loy que de leur preſomption; Auſſi ie crois que l'ombre de ces ames qui ont finy leurs iours dans la reuolte, eſt errante, vagabonde, & & ennemie de ſon repos, comme de ſa propre nation: Il me ſemble voir la fureur obſtinée des Sagontins, qui fit dreſſer vn funeſte tombeau de leur Ville quoy que pardonnables de s'enſeuelir dans les cédres de leur Patrie, contre la violence d'vn Tyran eſtranger; mais ceſte reſiſtance à main armée eſt faitte à leur Prince ne pouuant paſſer au long des murailles de leurs Villes, ſans les regarder auec pitié à l'imitation de Brutus, qui fut émeu en la sorte lors qu'il jetta ses yeux sur les ruynes de la Cité des Xantiens, laquelle ne peut estre garantie par les caracteres & magie des combats.

Ces razemens des fortifications, sont les vestiges de la rebellion & de la correction des mœurs des subjets, qui pouuoient nuyre à la chose publique, seruans de remede propre à la guerison d'vne si furieuse maladie; Ils n'auront plus le moyen de se gabionner & couurir, de reparer leurs bresches, ny de se barricader & noualer contre le seruice de V. M. qui laisse viure ces arondeles incapables de discipline, par l'instinct de leur nature heureuses en l'aprentissage de leur salut par leur propre ruyne discordante en soy, si ce n'est en tant qu'elle s'est accordée en son malheur, croyans, qu'vn siecle couure leur ambition sous le manteau de la liberté de conscience & seruices du passé; Ce qui fut reproché aux Ambassadeurs de Grece par le Senat de Rome, dautant qu'en l'exhibition du registre de l'Antiquité de leurs Asyles & lieux de seurté qui estoient vn ouurage éclairé du flambeau de la Religion, ils monstroient par vanité & ostentation les bons offices qu'ils auoient rendu, & l'amitié qu'ils auoiét iuré à la Republique, accommodãt le culte diuin à leur mode, comme plusieurs de vos subjects leur Religion pretenduë reformée, laquelle au lieu de demander le rabais de sa fortune, tasche à s'esleuer d'vn accroissement monstrueux par les Edicts de V. M. qui s'est reserué le chastiment apres leur auoir donné assez de temps pour se repentir, & faict sçauoir qu'elle venoit auec vne puissante armée, pour les combattre & les punir s'ils n'embrassoient l'obeyssance. I'auoüe que tous ces actes de guerre ſeruans d'exemple ont ie ne ſçay quoy d'inique & de biaiſant en eux, ce qui eſt recompenſé & aligné pour l'vtilité de l'Eſtat, dans l'intereſt & le dommage de quelques reuoltez, comme on a veu en la reddition de plusieurs Villes effrayées au rude chaſtiment de leurs aſſociez, qui auoient mis la plume au vent contre V. M. ne trouuant loy quelconque qui ſoit eſgalement commode à tous auec le cõpas de voſtre Iuſtice, auſſi voſtre Conſeil a meurement conſideré que ſi ce chaſtiment n'eſt auãtageux à vne partie de voſtre Eſtat, qu'il eſt profitable au general, & que ſi V. M. a traicté pl⁹ doucement quelques Villes, ç'à eſté en conſideration de ce qu'elles ſe ſont miſes en leur deuoir; Ces coups d'eſſay ont fait la crize en la grande maladie de voſtre Royaume, ayant eſté preueu que les accidés arriués ailleurs s'y pourroient rencontrer, quoy que par des euenemens diuers, qui vous ont inuité d'apporter le remede de vos iustes armes, pour obuier à ce mal par l'experience de ces mesmes rencontres, sçachant auec l'Empereur Adrian, que l'Estat n'est point à V. M. ains à la chose publique & au Sceptre que vous portez, à cause du serment de fidelité que V. M. (à qui toute fidelité est deuë) iure le iour de son Sacre à la Couronne, auec qui elle contracte à son aduenement vne espece de mariage ciuil & moral, à la suite duquel elle s'oblige volontairement d'auoir le soin necessaire pour sa conseruation, à l'exemple de l'Eglise Catholique, qui n'est qu'vn corps composé d'vn Chef, & de ses membres. Mariage politique, qui ne donne à V. M. qu'vne noble seruitude, & la peine de regner, où pour mieux dire de souffrir, & de trauailler incessammẽt pour son peuple, dans l'abysme des occupations ennuyeuses, quoy que vos courtisans les appellent sainctes & sacrées, estát comme vn Pere entre ses domestiques, (qui doit dominer dans la concorde pour redresser plus facilement ceux qu'il cherit) affin que V. M. viue en asseurance & qu'elle se face aymer & redouter pendant sa vie pour estre regrettée au point qui doit vnir apres vn siecle, le commancement de vos iours à leur fin ; aussi vos rebelles doiuét croire que puis que vous estes, comme vn pere dans l'Estat, les verges de vostre iuste chastiment n'outrepasseront iamais la mesure de vostre douceur & bonté paternelle, ils iugeront que c'est leur reuolte qui vous à contraint d'vser de rigueur en leur endroit, pour les voir mieux nais à l'auenir que s'ils viennent à s'humilier deuant V. M. ils obtiendront des lettres de grace & de pardon, estát marry que ie n'aye vn discours emmiellé pour chatouiller leurs oreilles, d'autant que ie crains que la flaterie ne tournast à leur confusion, & que ie crois.que les lãgues qui s'entretiennent sur ce sujet veritable, auoüeront que ces lignes sont des discours,& que sans dire autre chose ie dis beaucoup; Aussi le Sacrifice destiné à la Iustice, laquelle Dieu a donné en depost à V. M. est appelé le silence, estant plus jaloux en ma conscience de bien faire, que des graces de bien dire, & ayant aussi peu d'art pour bien parler, que de fard pour deguiser l'inclination de ma volonté; Ie me contente d'admirer ceste vertu, qui peut tout dãs vn Estat bien composé, aussi Platon l'a entendu de la sorte, ayant donné ce beau nõ de Iuste aux cayers de sa Republique, & mon rauissement est plus grand, lors que ie considere, qu'elle a esté trãsmise à vostre Sceptre, depuis que la Frãce recogneust fut Henry le Grand pour son iuste Prince, sous l'Empire duquel cet Estat languissant reprist sa vigueur, parmy l'importune audace & iniuste querelle de vos subiects, ne craignant point à l'aduenir ce que nous auons veu du passé puis que vous auez imité Iupin, lequel en cet effroyable peril, qui faisoit trembler les Dieux du paganisme foudroya les Geans, mais non pas les hommes, d'autant que c'estoit leur interest, que ces mõstres fussent exterminés, quoy que moulez comme eux du limon de la terre: de mesme V. M. a temperé les contrarietez qui estoient dans l'Estat, chassant le monstre de la rebellion, qui sembloit menacer le throsne de vostre Empire, & a laissé ce qui est plus compatible auec l'humanité parmy vos peuples: Aussi estes vous nostre Agamemnon, appellé par l'Homere le Roy des hommes qui vous sont commis de la part de Dieu, ne recherchant

chant point la cause de ces guerres qu'en vostre Iustice qui a esté moindre que leur crime, ny leur remede qu'en vostre misericorde, quoy que vos premiers coups ayent porté sur les chefs de parti, destruisāt la seditiō en sō cōmencement pour venger l'iniure publique, & pardonner celle qui touche V. M. & pour correspondre au Saint & Auguste nom de LOVYS, sçachant que ces noms signalez entrainent quand & eux de grands fardeaux & des consequences importantes. Car si on demande la Sainctetè, qui a-il de plus affranchi de la corruption de nostre nature, que Louys IX. le tige de vostre sang Royal, le Chef des armes, & le modele de la loy, fils vnique de la pieté, qui iouyt au Ciel de la beatitude dans l'immortalité de son ame? Si on regarde la prudence & la conduite Politique, qui a il de plus deslié que Louys XI. nostre Tybere François ? Si on recherche vne amitié paternelle enuers ſes ſubjets, qui a il de plus charitable ny de plus benin que Louys douzieſme, lequel a eu ce beau tiltre de Pere du peuple apres ſon treſpas? Ie cognois, SIRE, que ces marques royalles attachées inſeparablement à ce beau nom, ont deſiré auoir celle de la Iuſtice; pour le rendre parfaict, & hors du pair de noz Charles, de noz Philippes & de noz Henrys, le mettant en ſi grande conſideration, que les Roys vos ſucceſſeurs le puiſſent deſirer auec paſſion au doux ſouuenir de LOVYS le Iuſte, LOVYS le triomphant, LOVYS le victorieux l'vnique & le ſeul Monarque des François, parmy leſquels V. M.^te ramene les rebelles à leur deuoir, & par meſme moyen à leur bonheur, puis que la gloire des ſubiects ſe rencontre en l'obeyſſance & en la fidelité de leurs armes. Il ſemble que le

Ciel vous ayt donné le commandemét sur toute l'Europe comme estant le doigt sacré du Tout-puissant, qui Dauphin du Ciel, comme vous l'auez esté de ceste florissante Couronne en vostre naissance auez pour le droict naturel de vostre legitime la renommée parmy tout le monde, qui se cótemple dans le brillant de V. M. De mesme que la nature se flatte dans le miroir ardant du Soleil, dautant que vostre valeur est le seul exemple qu'on peut opposer à l'antiquité & proposer à la posterité, parmy vostre genereuse Noblesse l'instrument de vos victoires, le rempart de vostre Royaume & le bouclier de V. M. la quelle tousiours inuincible & n'ayant rien à vaincre est adorée des Lieutenans de vos armées, qui ne peuuent estre estimez que vertueux mourant pour l'Estat, & pour le Prince, d'ou le vray honneur prend ſon origine. Nobleſſe parmy laquelle l'enuie à diſparu dans voſtre camp, qui apporte d'ordinaire la confuſion & le deſordre, à cauſe des contentions de ceux qui ſont commis au maniment des armes, eſtant fort rare de treuuer auiourd'huy des Fabiens qui meurent comme hommes priuez & ſimples ſoldats, apres auoir eu commandement dans l'armée; V. M. a dóné les charges & honneurs par vn ordre religieuſement obſerué, qui a eſté l'vnique & plus vtile moyen pour faire des Capitaines en ceſte perilleuſe rencontre, à laquelle vous auez employé des hommes pleins d'experience procedant par l'ordre, qui à donné dans l'antiquité le nom de Gradiue au Dieu des combats, pour faire voir qu'il faut monter par certains degrez aux premieres charges de la Milice. Voſtre bon exemple a inuité chacun dans ſon impuissance, d'approcher vos actions moulées sur la recompense & sur la peine, qui ont paru en tous vos camps, oû V. M. a eu souuent diuers subiects d'admiration, & a veu le hazard auquel vos Caualiers se mettroient contestans auec les rebelles (qui combattoient par desespoir la mort mesme) pour la grandeur de vostre Couronne; & pour cueillir le fruit de leur vertu, par la possession & iouyssance de la mesme vertu; vraye Minerue (qui a diuerty les coups visans à la perte de nostre Menelaüs) & le sacré feu des Vestales, lequel ne s'est iamais esteint, bruslant de l'ardeur des combats & des batailles liurées pour V. M. laquelle a vaincu où par ses armes où par le Conseil, éuitant de mettre tousiours la main sur la garde de son espée, & de mespriser les loix par l'emprunt des qualitez d'vn Chef presomptueux. Aussi Achille n'eſt pas fort obligé à l'Horace ; qui luy donne ceſte loüange plus propre au ſoldat de Plaute, qu'au Prince de Xenophon , lequel vous ſurpaſſez dans les miracles des Capitaines de l'antiquité , qui paroiſſent plus grands à ma conceptió, treuuant qu'ils ne ſont que l'ombre d'vn ſepulchre,apres auoir eſté la merueille du monde, dans les eſſais des eſprits deſliez de leur temps, qui ſeroiẽt emportez par le mouuement du cours reiglé des actions de V.M. ſemblable à celuy des Aſtres,cótraire à la courante viciſſitude du monde, dans lequel à leur exemple vous veillez pour ceux qui dorment. Car nouuel Artaxerxes, quoy que chargé d'vne Couronne plus peſante que n'eſtoient ſes ornemens Royaux , au rapport de Plutarque (qui a eſcrit auec la plume des Graces) vous auez eſté touſiours dans voſtre armée pour ſatisfaire à V. M toute martiale & encourager vos soldats à bien faire, les ramenant comme vn Metellus, à l'ancienne discipline, & les rendant habiles par vostre exemple aux fatigues, & au trauail ; quoy qu'elle ayt pardonné à ceux qui s'estoient debandez & aux Caualiers qui ont esté si hardis par leur propre dommage, d'aller à l'assaut sans vostre cómandement.

Le Bearn à ressenty le premier ces rudes attaques, car encor que les lignes de ceste Principauté eussent abouty à leur centre, par l'aduenement du feu Roy à ceste Couronne, pourtant elle ne rendoit point l'obeyssance si promptement que son deuoir l'y necessitoit, par la vaine imagination de quelque songe aussi peu veritable que celuy qui auoit fait paroistre du passé à sō esprit la Souueraineté de ses Vicōtes, pendant la domination desquels les Bearnois ont vescu soubs l'obeysſance de nos Princes & des Anglois, auant que la Guyenne fut reünie par le manquement de repriſe de fief & de vaſſelage enuers nos Roys; appellant à teſmoin Gaſton leur Vicomte, Baron de Moncade, qui fit la preſtation d'hommage à Edoüart premier; & les Arreſts rapportez dans le ſtyle du Parlement de Paris ſur les appellations releuées par pluſieurs de la meſme Prouince, atteſtent publiquement ceſte verité, laquelle n'eſt point recherchée par l'affectation d'vne trop grande curioſité, puis que pendant la guerre des Albigeois, Pierre ſecond, Roy d'Aragon demanda au Pape Innocent troiſieſme dans le regiſtre de ſes Epiſtres Decrètales (lequel i'eſpere donner bien toſt au public ſous l'aueu de V. M.) que les Fiefs de Foix, de Comenges, & de Bearn, luy fuſſent reſtituez par Simon Comte de Montfort, Lieutenant General de la Croi-

zade

zade alleguant que les Seigneurs deſdicts pays eſtoient ſes vaſſaux, quoy qu'en effect ce ne fut qu'vn pretexte, pour empeſcher la confiſcation deſdites Terres, arriere-fiefs de voſtre Couronne, mouuans du fief du Côte de Toulouſe, mis en interdit ſur Raymond quatrieſme ſon beaufrere, accuſé & conuaincu de l'erreur des Albigeois; auſſi ſont ils cenſez regnicoles par Declaration expreſſe de nos Roys, & la verification des Lettres de Naturalité leur a eſté deniée par diuers Arreſts de vos Parlemens. Apres auoir rangé le Bearn à ſon deuoir, V. M. à combatu plus par prudence que par la force, veu que les conqueſtes ſont plus illuſtres & plus glorieuſes ſans arroſer de ſang le champ de bataille (quoy qu'il donne le vermillon à vne belle action) eſtimant auec Ageſilaë que le Sage eſt le plus vaillant. Paroles qui ont eſté gouſtées par le Caualier eloquent dãs Saumur, lors qu'il remonſtra, que c'eſtoit accroiſtre le mal de dire aux Princes qu'ils reſtituent, mais qu'on peut admoneſter les ſubiects de leur deuoir, s'ils ont intention de retenir ce qu'ils ſont obligez de rendre; Il iugea bien que les Habitans eſtoient preoccupez d'vne mauuaiſe volonté, leſquels donnerent vne bonne impreſſion par leur repentir, & monſtrerent à ceux qui tiennent le premier rang dans l'Eſtat, que leur grandeur n'eſt qu'en s'humiliant deuant S. M. & leur ruine qu'en la reſiſtance; Il iugeoit remettant le Chaſteau de ceſte Ville, qu'il n'appartient qu'à vn Souuerain de porter les armes, pour attaquer, où pour ſe deffendre, & non à ſes ſubiects de ſe reuolter tranchans du Roy enuers leur Prince; Il ſe ſouuint de ce bon mot, que chaque choſe n'eſt pas bien-ſeante aux peuples &

aux Grands, aux familles particulieres & aux Villes, dautant qu'ils sont dans vn estat, & dans vne condition, qui n'ont aucun rapport auec leurs actiós ordinaires; Il ne pensa qu'à ouurir les portes à S. M. & à estre ioint, & comme incorporé au grand corps de l'Estat, pour ne bouger point, qu'à tous les mouuemens de son ame, qui est le Roy, dautant que cet assemblage compose le grand corps de la Monarchie, & le rend pareil à l'armée des Lacedemoniens, qui ressembléţ dás le Plutarque à des Lyons furieux, liguez ensemble, lors qu'il faut aller choquer l'ennemy: Il remonstroit aux Habitans que les subjects doiuent imiter les ieunes soldats, lesquels ne sont iamais instruicts à la Milice, qu'en troupe & en gros, comme en vn corps de petite armée, & soubs la conduitte d'vn Maistre de camp, pour se former aux combats, & pour se dresser aux plus importantes actions des armes.

Plusieurs Villes du Poitou suyuirent ce conseil salutaire à son exemple, iusqu'à l'abord de sainct Iean d'Angely, laquelle creut diuertir vostre entreprise par la longueur d'vn siege, mais vous employastes vostre constance, le dessein de laquelle ne s'opposoit qu'à la corruption des mœurs, & ne procuroit que la reformation des desordres & abus, auec vne armée qui auoit plus de force & de discipline, que de nombre des soldats, à qui V. M. fit dresser le camp, auec vn soin extraordinaire, leur destinant ce lieu pour vne seconde patrie, les rempars & le pourpris des tranchées pour les murailles de leurs Villes, la disposition des espaces, & alignement des chemins pour les rües: De sorte que mettant toute leur gloire & leur courage en ce bel ordre V. M. leur fit construire comme vne Ville passagere au milieu de la campaigne à la barbe des reuoltez, lesquels Monsieur le Comte de Monreuel força courageusement dans les barricades, & fit le premier essay de vos victoires en ce siege, par son trespas desastreux & glorieux tout-ensemble, parfumant du baulme de l'immortalité ce beau nom de la Baume, lors qu'il monstroit que l'honneur des armes est vne monnoye qui à cours dans vostre Estat, & de consequent qui doit auoir la marque du Roy, & non pas le coin de la rebellion parmy vos peuples, lesquels vous ramenez auec le Sceptre, qui est la houlette (puis que Platon compare les Roys aux bergers) auec laquelle vous gouuernez le bercail, duquel Dieu vous a donné le soin & la garde; Vous employastes l'adresse de son Regiment, quittant les ruzes & accõmodemẽs de quelques Princes pour mõstrer que vous auez accoustumé d'auoir raison à ieu decouuert, &

que ces reuoltez eſtoient yſſus des François,deſquels parle T. Liue, qui en leur pointe & en leur premier effort eſtoient plus qu'hommes, mais ſur la fin des combats eſtoient moins courageux que des fames, faiſans paroiſtre qu'ils ſortoient de ce vaiſſeau boüillant d'Aquilon ; Semence des Gaulois du temps de Cæſar, qui eſtimoient l'eſtat des choſes ſemblable au recit public & au bruit de ville,eſtãs plus vaillans de la lãgue & de la main, puis qu'ils ont eſté contrains de ſe remettre en la libre diſpoſition de V. M. ſemblable à Tybere, qui ne peut capituler dans le Tacite auec Tacfarinas portant ſon eſpée contre l'Empire Romain, quoy que V. M. ayt pratiqué l'eſſay de Scipion enuers Antiochus lors qu'elle accorda à ſaint Iean apres vn heureux ſuccez,les meſmes conditions qu'elle auoit tres humblement demandé parmy le hazard & l'incertitude des armes, la rendant ſemblable à Veletre, qui fut demantelée par les Romains, à cauſe de ſa reſiſtance, ſon Senat reuoqué, & enioint aux Conſeillers d'aller faire leur habitation pardelà le Tybre; Auſſi ayans embraſſé la Paix, ils reuerent l'Eſtat, dans lequel les vainqueurs & les vaincus tiennent egale place, iugeans qu'ils ſeroient entierement perdus, s'ils n'euſſent eſté perdus en leur rebellion; Ie voy qu'ils ſe proſternent aux pieds de V. M. pour attendrir leurs ames au regard de ce viſage, deuant lequel les armées tremblent, & qui intimide d'vne ſaincte horreur leurs ſemblables, auec proteſtation que par cy apres ils ſeront les premiers pour oppoſer leurs vies & leurs fortunes à la violance de l'ennemy; vous faiſans la promeſſe d'Aenée pour viure dans la nation des Latins ſoubs le commãdement de V.M. laquelle ie vois ſainctement animée à oster les partialitez des habitás de Pons qui aboutissoiét à des mouuemens, & diuisoient l'vnion à laquelle la Nature & les Loix du Royaume les obligent, déchirans leur patrie sous l'apparence de diuers rencontres qui sont autant de factions. Mais V.M. les a vnis & a voulu qu'on vescut selon vos Edicts, veu que son intention n'a iamais esté de faire fumer de leur sang les Autels de Rome, permettant qu'on luy dise, comme à Periclés, qu'elle commande à des hommes libres qui la voyent luiter en nos iours, auec ce monstre de la rebellion à l'exemple d'Hercule, lequel ne peut estre bourgeois du Ciel, quoy que fils de Iupin, qu'apres auoir colleté l'Hydre, & apres auoir couppé les testes renaissãtes auec le feu & le fer de sa massüe, abatant le fuzil de ce mõstre, sous la pesãteur du bastõ noüeux de la maison d'Orleans. Que si le Royaume est vn corps ciuil & politique, de mesmes que le corps naturel & physique prend sa force & son mouuement du Chef, pour auoir les fonctions libres & necessaires à la vie; ainsi vos subiects de Bergerac iugerét qu'estans vn membre de l'Estat ils ne pouuoient subsister sans peril, s'ils demeuroient plus long temps détachez de l'obeyssance deüe à V. M. qui est leur Chef, ayans esté garantis du pillage par ceste deference, quoy que les fondemens d'vne Citadelle soient le tesmoignage de vostre dedain dans vn pareil traitement que l'Empereur Valens fit à Vienne, les Habitans de laquelle furent dépoüillez de leurs armes, apres que les Deputez luy eurent parlé auec le mesme respect auquel ceux de Theroüenne se tindrent, lors qu'ils aborderent Cæsar, disans qu'ils auoient entrepris ceste guerre, plustost par ignorance que par malice, & qu'ils estoient prests d'obeyr: Ce que V. M. accepta auec les mouuemens qu'eut cet Empereur, qui ne vouloit point laisser derriere & sur les espaules de son armée aucune Ville du party contraire, dans laquelle il ne commandat.

Ces belles & grandes considerations ne furent point pezées par ceux de Clairac, ausquels V. M. donna du temps, estimant que la desolation de tant de Villes frappées du foudre de vostre indignation leur donneroit vn meilleur aduis pour euiter la punition de leur temerité, par le moyen d'vne confession volontaire de leur erreur, qui eut arresté le cours de leur mauuaise fortune, sans deliberer de se defendre contre V. M. admirable en ce petit siege, comme au reste de ses entreprises à l'egal du Soleil qui paroit aussi entier dans le crystal d'vne goutte d'eau, que dans le coulant d'vne riuiere, aussi la merueille des Oeuures de Dieu se treuue au rencontre des choses les plus petites. Ie vois qu'ils sont resolus de se voir attaquer, & d'attendre le Roy de pied ferme, mais ne voulans point mourir au combat, ny fuyr comme estát desià vaincus, ils fléchissent le genoüil, & font ioug à la necessité, obeyssans sous le commandement des plus puissans à leur Prince legitime; & parce que la Valeur (premiere Vertu politique dans Athenée,) est necessairement conioint à l'equité; Vostre Iustice employa l'Espée de feu Monsieur de Termes (emmanchée en noz iours du bras guerrier de Monsieur le Duc de Guyse) qui à tourné son filet & son trenchant pour vostre respect, & pour l'heureux progrez & accroissement du bien public, transportée de l'amour des beaux exploits, & du desir d'aller chercher vne glorieuse mort dans les combats, suyuát les maximes de la diſcipline du feu Roy, & du grand liure de ſon experiẽce, qui luy auoit appris au ſiege d'Amyens, que la dignité d'vn Eſtat, conſiſtoit en l'affluence & quãtité innombrable des peuples. C'à eſté ce Cheualier Gaſcon, qui deliura l'Iſle de Rhodes de la ſolitude d'vn horrible Dragon, puis que ſoubs le commandement de V. M. il atterroit ce Dragon de reuolte, qui rauage voſtre Eſtat, rapportant la merueille de ſes conqueſtes à la felicité & à la grandeur de V. Majeſté, ſans s'arreſter à la vanité, que la renommée donne ordinairement à ceux, qui ont commandement dans l'armée. Car recognoiſſant ſa charge, il attribuoit ce bõheur à V. M. ſans ſe laiſſer emporter à la flaterie de Cour, ny au recit d'vne populace, qui a plus de ſplendeur & de luſtre, que de fermeté & de reſolution en ſes Conſeils, dautant que le bien &

le mal n'eſt pas celuy qui tõbe ſoubs le ſentiment du vulgaire idolatre de la Paix, qui nous dõnera les Alcedoniés à voſtre mot, dautant que ceſte guerre n'eſt que l'acheminement au calme d'vne tranquillité publique, ſemblable à l'Oliuier vraye marque de la diſpute qui fut entre Minerue & Neptune, le tronc duquel touſiours verdiſſant ayant eſté bruſlé auec les plus beaux & ſuperbes edifices de la Prouince d'Attique ſe hauſſa de dix coudées dans les cendres d'vn grand embraſement; De meſmes il n'y a point de doubte qu'à la fin de ces troubles la Paix vraye marque de la rebellion, contre les iuſtes armes du Roy, ne ſoit plus grande, puis que la mutinerie des vents purge l'air par leur baloyement naturel, & que le temps noyé dans l'hiſtoire (ie dis le deluge) à laué dãs ſes rauines d'eau les impietez des premiers ſiecles, pour meliorer les hommes qui deuoient naiſtre apres le iuſte chaſtiment de Dieu, auec la ſeconde nayſſance de l'Vniuers ſubmergé dans les flots de la deſobeyſſance; affectée temerairement par vos ſubjects de Montauban: lors qu'ils vont formant vn deſſein, lequel apres auoir changé de face aux Monarchies met à la raiſō leur liberté pretenduë, & la rēd plus eſclaue qu'elle n'eſtoit dans le premier Gouuernement, la rangeant ſous les loix d'vn Eſtat populaire, qui a les deux extremitez contraires, où de ſeruir auec trop de baſſeſſe, où de Seigneurier trop ſuperbement; Dangereuſe Cité vray parangon de Capoüe laquelle ne fut point ſaccagée par les Romains, mais pluſtoſt battuë en ruine par l'opiniaſtreté de ſes Citoyens; Nouuelle Ville de Lariſſe, qui ne ſe rendit iamais, quoy que les autres Villes de la Theſſalie euſſent recogneu les armes de Cæſar; Seconde Carthage dans l'Estat François, laquelle quoy que vaincuë & destituée de ses forces, semble mettre en compromis sa grandeur, ayant sur pied ses bouleuars & ses bastions pour estre l'exercice honnorable de nos Caualiers, affin que le loisir ne leur face oublier l'ancienne vertu de leurs Peres; puis qu'elle est despouillée de tout respect, & que n'ayant la crainte deuant les yeux, elle se va perdre par la vanité de ses habitans, lesquels voyans V. M. sur le riuage de Tarn, deuroient imiter Zoizime Roy des Soraces qui se resolut voyant l'armée des Romains preste à passer le fleuue de Tanaïs, d'aller salüer l'image de Cæsar. Qu'ils considerent que V. M. n'en veut qu'à leur reuolte, & non à leur conscience: Que vous estes fils du Grand Henry l'Arbitre de la Chrestienté, pour auoir gardé l'integrité de la foy donnée. Mais n'ayans point d'esgard à ceste verité, ils semblent vouloir intimider par leurs nouuelles fortifications ma Patrie semblable à ces pierres qui n'estincelét point dans les bluëttes de feu, si ce n'est par le choc & entre-heurt de deux corps, mesmement en ceste belle occasion, oû elle a veu bien faire feu Monsieur du Mayne, vray Philopoemen estimé le dernier des Heroïques & glorieux enfantemens de la Grece, n'ayãt iamais manqué au Roy, ny à soy-mesme, iusques au tombeau qu'il a choisi auec tant de braues Caualiers parmy la poudre & le feu, dãs le trauail & le remparement des tranchées; Aussi auez vous dit apres Hieremie, que Dieu auoit osté vne partie des Nobles & des Gentils-hommes du milieu de vostre Estat; & comme Auguste regrettoit la perte d'Agrippa & de Mecœnas, vous auez supporté auec de l'impatience leur trespas, lequel ne nous fera point voir pourtant les ren-

contres

contres, qui donnent plus de cœur & d'occasion d'entreprẽdre sur vn Estat, par le defaut des Chefs d'armée; quoy qu'il faille vn siecle pour faire des du Maynes, des Termes & des Monreuels grands hommes de guerre, & si grands, que comme T. Liue marque vn siecle de Philopoemen, de Scipion, & d'Annibal, nous pouuons signaler le nostre des armes de ces trois grands Capitaines qu'il a pleu à Dieu de mettre sur le Theatre de la France en nos iours, voyant encor parmy ceste disgrace, des Caualiers qui peuuẽt rẽplir dignement leur place, & soulager la Majesté de mon Roy, laquelle par sa prudence ne s'entremet point au manyment de toutes les affaires de Guerre où de Paix, disant auec Moyse que le Peuple est vn fardeau trop pesant; Aussi à l'imitation de Dieu qui se sert des causes secondes pour le Gouuernement de l'Vniuers, il vous plaist cõmettre des Lieutenans en vos armées, de mesmes que diuers particuliers, qui ont l'administration de vostre Estat, trop heureux en vostre entreprise, quoi qu'accueilly de l'orage de la guerre, de laquelle ie vois menacée la Rochelle à son tour; dautant que vous n'estimeriez pas estre successeur de tāt de Princes magnanimes, si vous ne mettiez à la raison ces refractaires, estant à craindre que si vous caliez vos armes, ils ne leuassent les leurs, pour tascher de se rendre les plus forts, iugeant des coups qu'ils ont faict du passé; De sorte qu'elle se delibere de mettre soubs son obeyssance ceux qui s'estoient emancipez dās leur liberté de conscience, car il n'y à point vn milieu au rencontre de pareilles actions. C'est pourquoy la reddition des Villes que V. M. demande, monstre qu'elle à esté offencée licentieusement par l'assemblée faicte dans la Rochelle, Ville pareille au bouclier d'Aenée, qui semble monstrer dans sa reuolte, la destinée de cet Estat, enuelopant là grandeur & la Majesté de son Empire, dãs la confusion dereglée de ses desseins, ayant violé la foy portée par les Edicts à laquelle ils n'ont point dressé des Autels depuis cent ans, à l'imitation des Africains, qui n'ont iamais sacrifié leurs vœux à ceste Diuinité. Se peut on imaginer que ceux pour la liberté desquels V. M. à les armes en main, facent vn nouueau Senat au mespris de vos Parlemens, & vne Assemblée secrette, qui ayt des sentimens contraires aux sainctes intentions de vostre Conseil? Qu'ils auctorisent le Séel imaginaire d'vne Vtopie contre le Seau fleur-de-Lysé enuoyé du Ciel en Terre au Fils aisné de l'Eglise de Dieu? Ceste entreprise est à loüer par l'antiquité contre Maximin, qui ialouzoit le iuste tiltre d'Empereur acquis aux Gordians par vn accord general de l'armée; Mais tel exemple ne peut estre adapté contre vn Prince legitime, & qui est né Souuerain Seigneur dans les langes de son berceau. Ils sont en mesme consideration que les Allemans du temps des Romains, ayans plus d'audace que de resolution dans l'esprit, & au lieu de la force & du courage, le vacarme d'vne terreur panique fantasiée à plaisir dans l'imagination d'vne ame creuze & qui s'essuye dans la lye d'vne populace: Belle raisõ d'Estat qui ne doit regarder que le public, lequel a transporté ses Priuileges à la Personne Sacrée du Roy, puis qu'elle renuerse la raison Ciuile par ceste reuolte, & la raison de la Nature, qui nous fait porter par vn instinct ordinaire, les bras & les mains pour la deffẽce du Chef, nous descouurãt que leur conseruation git en luy: Ils monstrent qu'ils sont moins industrieux, que l'Elephant de Pline, lequel ayant esté souuent battu, à cause du manquement de sa memoire, fut treuué rauy dans la meditation de ses essays; Du moins qu'à l'imitation de cet animal lourd & pesant, ils considerent le traictement faict à sainct Iean d'Angely, à Pons, à Clairac & à plusieurs villes de leur party, sãs estre opiniastrement abysmez dãs les ruynes de leur perte, qui les menace, pendant qu'ils se repaissent de l'aduis de Scipion Nasica, (qui fut treuué veritable par les Romains) voulant que Carthage demeurast sur pied, mais c'estoit pour ietter la guerre sur les terres de l'estranger, & non pas pour la fomenter dãs la Republique; Que si leurs murailles ne sont point desolées, comme celles de leurs voisins, qu'ils croyent que V. M. l'a fait à l'imitation de Cæsar qui garantit du pillage la Ville de Marseille, plustost pour sa reputation & antiqui-

té, que pour vn iuſte ſubject, qui demandat ce doux traictement. Nouueaux Othons, ils ont taſché de corrompre contre V. M. (Second Galba) les ſoldats de voſtre armée, ſoubs la promeſſe de quelque recompenſe ſecrette. Mais leur fidelité a eſté conſeruée par le ſoin ordinaire de ce grand Genie de Nogaret, vraye Eſtoille du
נגה Iour appellée des Hebrieux Nogah, qui rendit la clarté à l'Eſtat enueloppé des tenebres de la diuiſion, ſoubs Philippe le Bel, preſageant que l'vn de ſes ſucceſſeurs ſeroit l'Aſtre qui paroiſtroit deuant nos Roys, puis que maintenant la France en reçoit des ſalutaires effects. Mais ils n'auront pas effacé leur crime; qu'auſſi toſt V. M. le mettra ſoubs le ſilence à l'imitation de Dieu, qui oublie par ſa Miſericorde la rigueur, laquelle talonnant des lõg temps les fautes des pecheurs auec des pas de laine, debuoit chaſtier leur de-

merite, puis que les Princes & Seigneurs qui ont treuué la grace deuant les yeux de S.M. (pour vser des termes des lettres sacrées) tiennét entre leurs mains le cœur du plus puissant Roy de la Terre par la permission de Dieu, pour auoir pitié de son peuple dans le flux & dans la marée de ses calamitez, & essayent à l'imitation de Marcus Lepidus, de moderer la iuste colere de leur Prince, lequel ne veut point qu'on demande qui est le vainqueur où le vaincu, dautant que nous sommes nais trestous dans le sein de la France, sans estre empruntez d'ailleurs pour le seruice de S.M. qui ne fait qu'vn Royaume des deux partys, Que si les armes des Religionaires ont esté mises entre les mains des Catholiques, çà esté pour leur monstrer à bien seruir, & pour inueterer leur nouueauté estrangere par ceste maxime ancienne de la France, les faisant naiſtre Citoyens & Soldats tout enſemble, de meſmes qu'Alexandre le Grád ne treuua point indecent de mettre au iour les mœurs des Macedoniens pour inuiter les Perſes à les imiter, ayant deſiré que l'ancien mouuement de ſa Couronne donnat le branſle à l'Aſie, afin que ceux qui eſtoiét ſoubs vn meſme Prince fuſſent diſciplinez eſgalement dans les anciennes vſances de l'Eſtat, & que la Charte de ces deux grands Cantons du Monde ne fut ombragée que d'vne meſme couleur & enrichie des traits des ſemblables lineamens. Que vos ſubiects ſuyuent l'exemple de Pulphion & de Vareines leſquels (au rapport de Cæſar dans ſes Cómentaires) auoient entr'eux des contentions perpetuelles pour le point d'honneur, mais s'eſtás rencontrez par hazard dans le gros de l'armée, le premier dit qu'ils auoiét treuué vne belle occaſion pour terminer

ner leur mal entendu, & s'estans desgagez heureusemẽt de la presse, apres auoir tué grand nombre de leurs ennemis, ils firent vne glorieuse retraite, seellans leur amitié inuiolable du sang de l'estranger. Ceste action portera leur beau iugement à suyure vne si loüable rencontre, affin qu'entreprenant de semblables combats, par l'essay de ceste preuue ils debatent de l'honneur auec ceux de leur natió aux despens de la vie des ennemys de l'Estat, & querelent heureusement ceux de leur patrie, pour s'accorder contre les Estrangers qui attaqueront leur vie en general, où en particulier. Que vos subiects deuenus nouueaux Thebains prennent l'Harmonie pour la Deesse Tutelaire de leur Fortune, puis que vous imitez le Soleil qui luit esgalement sur tous, & le cœur principe de nostre vie, qui depart sa chaleur au milieu, & aux extremitez du corps, par le iuste compas de sa proportion naturelle.

Ie confesse tout haut, SIRE, qu'apres ces heureux succez, vous estes l'homme des desirs & des plaisirs, descrit par Daniel en sa Prophetie, ayant esté merueilleusement souhaitté de la France, & tousiours aggreable à Dieu, parce que V. M. s'est monstrée auide de sçauoir & de cognoistre l'œconomie politique de son Estat, defiguré par les mains de vos subiects, aux yeux desquels vostre force & vostre courage paroissent, en ce que V. M. à faict dans vn an, ce que vos Predecesseurs Roys n'ont ozé entreprendre depuis cent ans. Vostre liberalité est publiée par le recit des soldats, qui ont eu l'honneur d'estre dans l'armée. Vostre Clemence se descouure dans le nombre infiny des graces, & des pardons que vous auez faict à ces ames rebelles. Le grand ordre qui reigloit vostre camp, est vn essay tres-asseuré de la Iustice, qui vous donne ce beau tiltre de LOVYS LE IVSTE. Vostre Pieté se manifeste en tous vos desseins, aussi estes vous appellé le Doigt de Dieu. Ie pourrois mettre par le menu les merueilles qui nous extazient en l'heureux progrez de vostre vertu secondée de la Fortune, apres la Grace de Dieu. Ie vois que la Touraine, le Poictou, la Guyenne, le Languedoc, le Dauphiné & plusieurs autres Prouinces de vostre Estat, reuoltées en partie contre V. M. vous donnent des LAVRIERS, puis que vous les auez fait respirer en leur entiere liberté. Que ie dise auec la Premiere Intelligence de vostre Auguste Parlement de Paris (oû la posterité l'espere voir eclypser vn iour par vostre commandement, pour commettre à sa probité & à son experience les Seaux de vostre Couróne.) Que ie dise auec ses paroles plus dorées que la Sale de vostre Palais, (oû elles ont donné la langue à l'Eloquence du barreau) Que suyuant la Coustume des Princes de l'antiquité V. M. a visité les Villes rebelles, & auec sa Couronne tissuë des fleurs de Lys par la main du Ciel, dans le parterre de la France, elle a expié leur enceinte, les arrosant du glorieux sang des grands Capitaines de vostre Estat, dans lequel plusieurs Prouinces, se tiendroient glorieuses de mettre leur nom parmy vos Trophées, si vostre Modestie ne surpassoit la vanité des Empereurs Romains, qui empruntoient dãs leurs tiltres d'honneur le nom des nations, qu'ils auoient domté par leurs armes, & si le discours affecté de quelques Orateurs, qui mettent V. M. dans le Ciel Empirée, ne meritoit ce repart à la priere de ma plume, qui les conjure que leur bien-dire ne violéte point

V. M. a degenerer en la participation des honneurs estrangeres, de peur d'acquerir l'enuie à la glorieuse yssüe de vos desseins ; puis qu'elle oste au lieu de donner par l'excez de la flaterie de Cour, le los deub à S. M. à qui ie souhaite la felicité du Ciel apres vn siecle, afin que i'aye l'heur d'estre commandé long temps par son Sceptre, & que sa vie soit de durée, de mesmes que S. M. est infinie ; de laquelle i'ay rapporté les rares qualitez en peu de paroles, à l'imitation des Geographes, qui nous representent la situation de diuerses Villes dans vne charte, laquelle en son petit espace qui dérobe à nos yeux la grandeur de la continence, nous marque distinctemẽt la Prouince & le lieu de leur assiette. Ie vois en vous comme dans vne glace polie les trois Estats de vostre Royaume, l'integrité de vos Parlements, la Force de vos Arsenacs, l'entrejent & la bienſeance de voſtre Cour; bref V. M. eſt à mon ſens ce que ie viens de dire par le menu; Elle ſeule eſt à mon particulier toutes les raretez, que les plus deſliez eſprits de noſtre tẽps peuuent conceuoir pour ſe flater dans l'abyſme des plaiſirs de leur imagination. LOVYS LE IVSTE eſt le ſeul entretien de toutes les nations de la Terre, qui l'appellent Roy par ſa puiſſance, Victorieux par ſa Force, Miraculeux par la ſaincteté de ſes mœurs, incomparable par le zele de la Religion, Pere par ſa Clemence, Fils à cauſe de ſon âge, ſurpaſſant ces deux chefs d'oeuure de la Nature (le Pere & le Fils) par ſa Pieté laquelle a protegé ſes ſubjets reuoltez dans vos Villes qui ſe parent de vos LAVRIERS (l'ornement des Temples de l'antiquité, & des Louures des Empereurs) pour marquer cet année glorieuſe de voſtre Gouuernement, Paris dans ſon petit Monde, Toulouse dans les delices de ses veilles, Lyon dans son trafic, Bordeaux parmy ses voiles, Roüen au milieu de son luxe royal, & de ses richesses; Sainct Iean d'Angely & les autres villes demantelées au doux souuenir de leur bon-heur. Lors que Dieu vous a guidé par la main à ceste entreprise dãs le silẽce, où vous auez pris ce Conseil, qui ne pouuoit estre mieux concerté dans les Sales dorées de vos Cours Souueraines, ny dans vostre Conseil de guerre. Vous prenez Dieu à tesmoin de ceste action, deferant au mouuement de ses sainctes inspiratiõs en ce rencontre fortuné, comme vous faictes par le respect que vous rendez à la glorieuse memoire du feu Roy Henry le Grand vostre Pere, & par le doux chastiment de ceux qui ont eu de pernicieux desseins sur vostre Estat, & en l'amitié que vous communiquez à Monsieur, Frere vnique de V. M.

qui ſe contente d'auoir auec voſtre permiſſion le cœur de vos ſubiects pour Temple, leur ſouuenir pour Autels, & voſtre Amitié pour Image; Reſcrire à vos Parlemens que Dieu vous guide par la main; ô parole du Peru de mon Roy, qui efface l'eſclat de ſes Lys d'or; ô repart d'vne ame nette, qui eſgale la neige & la blancheur du Laict Sacré de la Reyne voſtre Mere, partagée des deux plus grandes faueurs du Ciel, qu'vne Princeſſe puiſſe ſouhaitter ayant eſté l'Eſpouſe de noſtre Mars, & ſe voyant mere de LOVYS LE IVSTE; par la fecondité de laquelle la France a receu d'ëhault les plus aſſeurées deffences de ſon Empire: Dire que Dieu vous guide par la main, ô conception qui donne le defy à la ſubtilité, au rauiſſement, & à la douceur de ces trois Princes, n'en deſplaiſe à Homere, qui les a perdu d'ambition, dans l'immortalité

talité de ſes vers, car ils n'ont iamais parlé plus nettement dans l'affecta-tion d'vne brefueté Laconique, ny plus rondemẽt dans la netteté de leur eloquence, ny plus accortement dans le triage de leurs paroles. Ie voudrois ſi la Nature te pouuoit rendre l'eſtre d'vne ſeconde vie, apres la priuation de ceſte lumiere, ô Pline, que tu fuſſes viuant en ce ſiecle, & auſſi ieune d'ans, que de nom; Toy qui pour depeindre au vif les qualitez d'vn Trajan, les as pluſtoſt conceuës par tes vœux & par tes deſirs, que dans la verité d'vne hi-ſtoire, taiſant à la poſterité ſes depor-temens parmy tes ſouhaits, qui nous monſtrent quel il debuoit eſtre; ſi tu reſpirois auiourd'huy auec moy le doux air de la France (le cœur & les delices de l'Europe) tu toucherois du doigt en la Sacrée Majeſté de LOVYS LE IVSTE les rares qualitez que tu n'as iamais veu, *mais leſquelles* tu ſouhaitois eſtre pour le comble de la perfection, comme accidens inſeparables de l'eſprit & de la perſonne de l'Empereur Trajan. Tu verrois mon Prince qui ne faict point vn ſeul bien en vn ſeul iour, n'y à vne ſeule perſonne, mais qui donne vn nombre ſans nombre d'abolitions. Tu admirerois l'accueil & la bonne chere que mon Roy a faict à ſes ſoldats, lors que leur courage les auoit fait bleſſer pour le ſeruice de S. M. parmy le ſort des armes, ayans eſcrit auec la pointe de leur eſpée les exploicts & les grands faicts de guerre de leur propre ſang, pour faire eſclater leur luſtre à nos yeux, les mettãt au iour qui perce, & qui poind dans l'hiſtoire au trauers de leur playe honnorable; le tombeau deſquels eſt celuy d'Hercule que ie ne peux decouurir par le ſerment (ſacré lien de nos conſciences) Mais vn fidele recit fera paroiſtre leurs corps bleſſez des coups de canon & de plusieurs mousquetades, comme le pourtraict de Rhodes, qui ne pallit iamais en ses couleurs, soubs la violence des esclairs de la foudre, de laquelle il fut frappé par plusieurs fois; Tu eusses veu S. M. qui s'enqueroit de leur retraicte iusqu'à faire appliquer le premier appareil sur leur blesseure (qui s'epanoüyssoit comme vne Roze sous l'aspect du Soleil Royal) & à procurer par tous les remedes vne entiere gueriső de leur mal, les inuitant par vn sous-ris animé de ses paroles à se bien porter, & leur cőmandant par ses prieres de n'estre point traistres à leur santé, qui auoit fait paroistre V. M. yssuë du Sang de nos Arsacides François pour mettre en confusió nos Parthes rebelles; auec la generosité des Romains, lors qu'ils vouloient combattre ceste nation reuoltée cőtre son Prince legitime. Que si quelqu'vn estoit violenté par la force du mal, de dire adieu à la Vie auec ses plus belles années, tu eusses veu sa pieté qui effaçoit par son esclat les cōplimens d'vne faueur extraordinaire, lesquels ie t'ay representé au vif dans le tableau racourcy de ce discours. I'appelle à tesmoing les Manes de feu Monsieur de Termes, dautant que sa seule parole vaut l'attestation de plusieurs, puis que sa conduite à guidé leurs picques & leurs Mousquets (à l'imitation de Monsieur le Duc de Bellegarde son frere) pour le seruice de S. M. qui a pratiqué les actions d'vn grand Roy & d'vn Grand Capitaine, portée à recompenser ses soldats & à ne refuzer rien à ceux qui auoient la mort viuante dans leur sein, parmy le ieu & le hazard de la guerre, apres laquelle Dieu à voulu enter sur vostre Couronne les LAVRIERS plantez auec la pointe de vostre Espée, soubs l'acier de laquelle toute l'Europe tréble, comme les eſpics de bled, ſoubs l'acier tranchant d'vne faucille; LAVRIERS, que voſtre valeur à cueilly en diuers Sieges, campez deuant les Villes reuoltées de voſtre Eſtat; LAVRIERS, qui n'ont iamais branſlé parmy les tourbillons & le tõnerre du canon, ny fané leurs fueilles dans le hale du feu, où de la poudre, ny perdu leur fruit parmy l'orage de la rebellion; Chapeaux de gloire des vainqueurs, la cauſe deſquels plaiſt aux Dieux, comme la vaincuë à Caton enuieux des conqueſtes de Iule Cæſar, de meſmes que vos hayneux ialouzent la Victoire inſeparable de voſtre Couronne, leſquels deuroient pareillemẽt ſouhaiter la mort comme Caton, pour la reſſemblance entiere de ce parallele. LAVRIERS, vrays pennaches deſtinez de la main de Dieu au combat que V.M. à reſolu de donner pour la manutention de la Voltoline & de l'Estat de Venize, qui se glorifie d'estre appellée la Frãce dãs l'Italie, où vo⁹ receurez les lyurées de l'amitié du Ciel. LAVRIERS à l'õbre desquels V.M. blanchit en ses ieunes ans, affin qu'en rapportant tous les iours tant de memorables victoires sur vous mesmes, & sur vos aduersaires; elle se rende inuincible à tout l'Vniuers; apres la merueille glorieuse de tant de Sieges, qui ne peuuẽt estre estimez que vertueux, sans tuër l'enuie de plusieurs Princes, de crainte de faire mourir auec elle le plus euidẽt tesmoignage de la Valeur de vostre SACREE MAIESTE', de laquelle Dieu m'a fait naistre.

SIRE,

Tres-humble, Tres-obeyssant seruiteur & subjet, & fidelle Officier.

Extraict du Priuilege du Roy.

PAr Grace & Priuilege du Roy il est permis à Toussainct du Bray, Marchand Libraire Iuré à Paris d'Imprimer ou faire Imprimer vẽdre & distribuer vn liure intitulé *les Lauriers de Louys le Iuste Roy de France & de Nauarre*, & deffences sont faites à tous Libraires Imprimeurs & autres de le faire Imprimer vẽdre & distribuer sans le consentement dudit du Bray, pendant le tẽps & espace de quatre ans entiers & accomplis, à commancer du iour que ledit liure sera acheué d'imprimer à peine de confiscation des liures contrefaits & de trois cens liures d'amendes enuers ledit Dubray, & de tous les despens, dommages & interests ainsi que plus amplement est contenu esdictes lettres de Priuilege. Donné à Paris le 22. iour de Decembre 1621.

Par le Conseil.

Signé, DE ÇVIGY.

www.ingramcontent.com/pod-product-compliance
Ingram Content Group UK Ltd.
Pitfield, Milton Keynes, MK11 3LW, UK
UKHW020323220726
13923UKWH00003B/1327

9 782019 967901